La salud
y **el estado físico**

Mantenerse fuera de peligro

A. R. Schaefer

Heinemann Library,
Chicago, IL

www.heinemannraintree.com
Visit our website to find out more information about Heinemann-Raintree books.

To order:

☎ Phone 888-454-2279

💻 Visit www.heinemannraintree.com to browse our catalog and order online.

Edited by Rebecca Rissman and Catherine Veitch
Designed by Kimberly R. Miracle and Betsy Wernert
Picture research by Elizabeth Alexander
Originated by Dot Gradations Ltd.
Printed in China by South China Printing Company Ltd.
Translation into Spanish by DoubleOPublishing Services

14 13 12 11 10
10 9 8 7 6 5 4 3 2 1

Library of Congress Cataloging-in-Publication Data

Schaefer, Adam.
  [Staying safe. Spanish]
  Mantenerse fuera de peligro / A. R. Schaefer.
    p. cm. -- (La salud y el estado físico)
  Includes index.
  ISBN 978-1-4329-4446-9 (hard back (hb)) -- ISBN 978-1-4329-4451-3 (paper back (pb))
  1. Safety education--Juvenile literature. I. Title.
  HV675.S2718 2010
  613.6--dc22
                            2010003153

Acknowledgments

We would like to thank the following for permission to reproduce photographs: Alamy pp. **14** (© Vario Images GmbH & Co. KG), **21** (© Blend Images), **18** (© Gaetano Images Inc.), **27** (© Daniel Dempster Photography); Corbis pp. **5** (© Rainer Holz/Zefa), **12**, **15** (© Hill Street Studios/Stock This Way), **28** (© ROB & SAS); Getty Images pp. **9** (Andrew Leyerle/Dorling Kindersley), **23** (Joe McBride/Photographer's Choice), **26** (Imagemore Co. Ltd.); Jupiter Images p. **7** (Dynamic Graphics/Liquidlibrary); Photolibrary pp. **4** (Till Jacket/Photononstop), **10** (LWA-Dann Tardif), **11** (UpperCut Images), **13** (Image Source), **20** (Image Source), **22** (Plainpicture), **24** (Tips Italia/Hank De Lespinasse), **25** (Zen Shui/Michael Mohr), **29** (HBSS/Fancy); Science Photo Library p. **19** (Ian Boddy); Shutterstock pp. **6** (© Kristian Sekulic), **8** (© Cabania), **16** (© Ulga), **17** (© Thomas M. Perkins).

Cover photograph of a boy brushing his teeth reproduced with permission of Photolibrary (ER Productions Ltd./Blend Images).

The publishers would like to thank Yael Biederman for her assistance in the preparation of this book.

Every effort has been made to contact copyright holders of any material reproduced in this book. Any omissions will be rectified in subsequent printings if notice is given to the publisher.

All the Internet addresses (URLs) given in this book were valid at the time of going to press. However, due to the dynamic nature of the Internet, some addresses may have changed, or sites may have changed or ceased to exist since publication. While the author and Publishers regret any inconvenience this may cause readers, no responsibility for any such changes can be accepted by either the author or the Publishers.

Contenido

Algunas palabras aparecen en negrita, **como éstas**.
Puedes averiguar sus significados en el glosario.

Mantenerse fuera de peligro

Todos los días hacemos muchas cosas diferentes en distintos lugares. Es interesante y divertido explorar el mundo que nos rodea. Pero también es importante asegurarnos de no correr peligro.

Usar un casco cuando paseas en bicicleta te ayuda a mantenerte fuera de peligro.

Mantenerse fuera de peligro significa alejarse de las cosas que hacen **daño** o del peligro. **Proteger** tu cuerpo y tu mente también te mantendrá fuera de peligro. Este libro te ayudará a mantenerte fuera de peligro y a divertirte.

Siempre escucha y observa atentamente cuando un adulto te explica algo.

Saber información importante

Saber tu dirección y número de teléfono puede ayudarte a mantenerte fuera de peligro. Un día, quizás necesites decirle a un adulto dónde vives. Quizás necesites llamar a tu casa para preguntarle algo a tus padres.

Apréndete tu dirección y número de teléfono.

Quizás necesites darle información a un adulto para que pueda ayudarte.

Es bueno que conozcas tu **información** médica. Debes saber si tienes alguna **alergia**. También debes saber si necesitas tomar algún **medicamento**.

Llamar para pedir ayuda

Tu decisión:

¿Llamas al 911 cuando alguien hace que te enojes? ¿Debes llamar al 911 si ves que alguien está herido?

Cuando llames para pedir ayuda, habla claramente y responde a las preguntas.

Llama al 911 sólo si se trata de una verdadera **emergencia**. Llama al 911 si ves que alguien está mal herido o en peligro. Llama al 911 si estás perdido o necesitas ayuda para encontrar a alguien que conoces.

Ayuda médica puede llegar rápidamente después de la llamada.

¿A quién puedes pedirle ayuda?

A veces es difícil hablar, pero trata de pedirle ayuda a un adulto en quien confíes.

A veces, todos tenemos problemas y necesitamos ayuda. Siempre comienza por pedirle ayuda a alguien de tu familia, a un maestro o a un buen amigo.

Si necesitas ayuda cuando estés solo, entonces busca a un adulto que pueda ayudarte. La policía, los **salvavidas** y los bomberos pueden ayudarte.

No temas pedir ayuda.

Mantenerse fuera de peligro en lugares públicos

Tu decisión:

¿Sueles ir al parque con tus padres o amigos? ¿Es buena idea que vayas solo?

Mantenerse fuera de peligro significa permanecer con otras personas.

Es importante que le digas a tus padres adónde vas y qué harás. Si necesitas ayuda cuando estés fuera de casa, puedes dirigirte al padre de un amigo o a otro adulto de confianza.

Te divertirás más con tus amigos si sabes que estás fuera de peligro.

Mantenerse fuera de peligro en casa

Tu decisión:

Alguien que no conoces golpea a la puerta de tu casa y te pide que lo dejes pasar. ¿Qué debes hacer?

A veces van trabajadores a tu casa para reparar o revisar cosas.

Siempre espera a que tu padre o tu madre esté en casa para dejar pasar a un extraño.

Nunca dejes entrar a un extraño a tu casa si estás solo. Mantén la puerta cerrada y llama a tu padre o a tu madre. La persona que está en la puerta lo comprenderá.

Fuera de peligro en la cocina

Tú y tu familia cocinan los alimentos y comen en la cocina. Siempre debes tener cuidado en la cocina. La estufa puede estar muy caliente.

Aléjate de la estufa cuando alguien esté cocinando.

No toques jabones dañinos o líquidos de limpieza.

Los cuchillos y otros utensilios de cocina filosos pueden ser **peligrosos**. Es importante que no juegues con ellos. Algunos alimentos y líquidos también pueden ser peligrosos. Come o bebe sólo lo que un adulto de confianza diga que es seguro.

Fuera de peligro con los medicamentos

Tu decisión:

Te sientes mal. Alguien te ofrece un **medicamento** indicado para otra persona. ¿Debes tomarlo?

¿Es correcto tomar medicamentos de otras personas si estás enfermo?

Toma sólo los medicamentos que te haya dado un doctor, tu padre o tu madre. Los medicamentos que pueden ayudar a una persona pueden hacer daño a otra. No tomes medicamentos por tu cuenta, a no ser que tus padres te hayan enseñado primero cómo hacerlo.

Algunos niños usan inhaladores para el asma.

Fuera de peligro al viajar

Debes asegurarte de que estás fuera de peligro cuando viajas en carro. Siempre debes ponerte el cinturón de seguridad y permanecer en tu asiento.

Ajústate el cinturón antes de que el carro se ponga en marcha.

Es importante que mantengas las manos y los brazos dentro del carro. Sacar la mano por la ventanilla de un carro o de un autobús en movimiento es muy **peligroso**.

Nunca arrojes cosas dentro de un autobús ni por las ventanillas.

Fuera de peligro en la calle

Observa las señales y el tráfico antes de cruzar la calle.

Las personas que caminan, pasean en bicicleta y patinan comparten las calles con el tráfico. Asegúrate de comprobar que no haya carros, camiones, ni autobuses antes de caminar, pasear en bicicleta o patinar en la calle.

Cuando paseas en bicicleta o patinas, ten cuidado con los carros. Es más seguro pasear en bicicleta o patinar con otra persona. Usa siempre un casco y otros **equipos de seguridad** y no escuches música con audífonos.

Es más seguro patinar en parques especiales para patinadores.

Fuera de peligro en un incendio

Un incendio puede ocurrir en la escuela, en casa y en cualquier otro edificio. Aléjate del fuego y de otras cosas calientes, como las estufas. El humo de un incendio también puede ser muy **peligroso** porque puede hacer que sea muy difícil respirar.

Llama al 911 si ves un incendio en un edificio.

Es buena idea conocer más de una manera de salir de un edificio. Nunca subas a un ascensor durante un incendio. Usa siempre las escaleras.

escalera de incendio

Siempre debes alejarte de los incendios tan rápido como puedas. Es buena idea saber dónde están las **escaleras de incendio** en un edificio. Nunca vuelvas a entrar a un edificio en llamas para buscar algo.

Fuera de peligro en el agua

Tu decisión:

El mar parece tranquilo. Nadie quiere meterse al agua contigo. ¿Puedes ir solo?

Mantente fuera de peligro en el agua. No vayas donde el agua sea honda.

Es buena idea que primero entres al agua con un adulto. En la playa o en la piscina, asegúrate que te vea un **salvavidas** antes de meterte al agua.

Avísale al salvavidas si ves que alguien necesita ayuda en la piscina.

Fuera de peligro para toda la vida

Hay muchas **reglas** para asegurarnos que los niños estén fuera de peligro. Los adultos también suelen seguir estas reglas. Para todos es importante estar fuera de peligro.

Es más seguro caminar por la acera que por la calle.

Todos necesitamos aprender los **hábitos** para mantenernos fuera de peligro. Vivir fuera de peligro te ayudará a ser feliz y a mantenerte sano durante toda tu vida.

Los hábitos saludables durarán toda la vida.

Glosario

alergia cuando una persona tiene una alergia, se enferma al comer o tocar ciertas cosas

daño las cosas que hacen daño pueden lastimarte

emergencia situación grave donde las personas necesitan ayuda de inmediato

equipo de seguridad cosas que llevas puestas cuando haces ejercicio para evitar lastimarte

escalera de incendio escalera ubicada fuera de un edificio que se usa en caso de incendio

hábito algo que haces frecuentemente

información hechos que puedes aprender

medicamentos cosas que tomas para sentirte mejor o para curarte de una enfermedad

peligroso algo es peligroso si puede causarte daño o lastimarte

proteger cuando algo te protege, evita que te lastimes

regla norma que indica qué está permitido y qué no

salvavidas persona que te ayuda a mantenerte fuera de peligro en la piscina o en la playa

Aprende más

Lectura adicional

Barraclough, Sue. *Seguridad y las bicicletas (¡Seguridad!)*. Chicago: Heinemann Library, 2008.

Barraclough, Sue. *Seguridad y los incendios (¡Seguridad!)*. Chicago: Heinemann Library, 2008.

Mattern, Joanne. *Staying Safe on the Street/La seguridad en la calle*. Milwaukee, WI: Weekly Reader Early Learning Library, 2007.

Meachen Rau, Dana. *Safety at Home/Seguridad en la casa*. New York, Benchmark Books, 2009.

Meachen Rau, Dana. *Water Safety/Seguridad en el agua*. New York, Benchmark Books, 2009.

Nelson, Robin. *Staying Safe in Emergencies*. Minneapolis: Lerner Publications Co., 2006.

Sitios web

www.usa.safekids.org/tier2_rl.cfm?folder_id=2680
Aprende cómo mantenerte fuera de peligro resolviendo rompecabezas y descifrando códigos de seguridad.

Índice